서울 자가에 대기업 다니는
김 부장 이야기
1

차례

1화 나름의 위기감   5

2화 자신감의 결과   29

3화 아닌 건 아닌 거야   51

4화 혈압이 오른다   69

5화 선을 넘는 상상   87

6화 본인만 모르는 이야기   105

7화 친구들이 변했다   123

8화 말도 안 되는 소리   139

9화 믿을 건 내 실력뿐   157

10화 **마음대로 해** 173

11화 **올 것이 왔구나** 189

12화 **해주고 싶은 말** 207

13화 **어쩔 수 없잖아** 223

14화 **배워야 할 것** 239

15화 **운이 좋으신 겁니다** 257

16화 **다 필요 없어** 275

17화 **고생했어** 295

1화
나름의 위기감

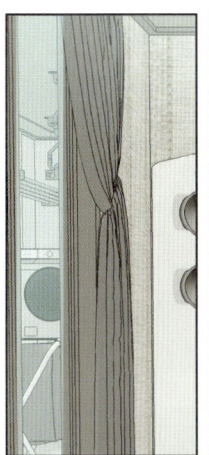

대한민국의 중심, 서울.

빵빵

강남 강남

빠앙-

이 좁은 땅덩어리에

두 다리 뻗고 잘 수 있는
내 집을 가지고 있다는 것.

저벅 저벅

성공한 삶을 한마디로
정리하긴 어렵지만
굳이 따지고
정의를 내려보자면

'나'
정도 되는 사람이 아닐까?

김 부장은 오늘도 그렇게 확신하고 있다.

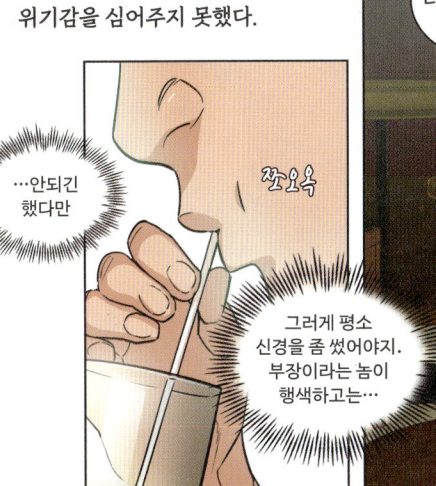

간신히 되찾은
자존심의 여운을
마저 즐기기도 전에…

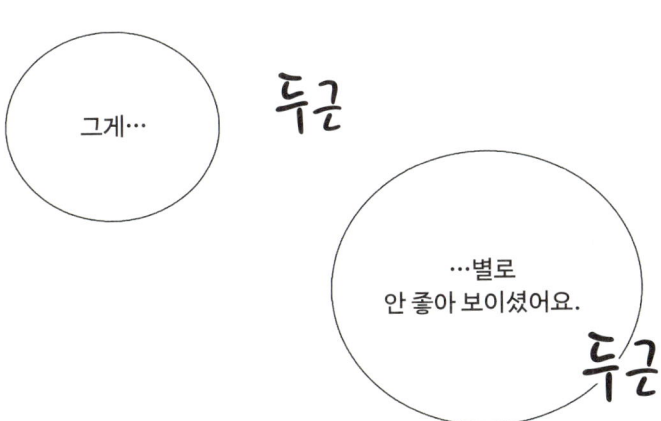

2화
자신감의 결과

터벅

터벅

터벅

평소와 다를 바 없는
상무님의 호출일 뿐인데

김 부장은 이상하리만큼
긴장되고 초조해진다.

툭

꾸욱

예기치 못하게
떨어뜨렸던
가방 탓?

털썩

아침부터
곤두박질치던
주식 차트
때문일까?

오늘 느꼈던
몇 가지 불길했던 징후가

지금까지 누리던
만족스러운 삶의
마침표를 의미한다면…

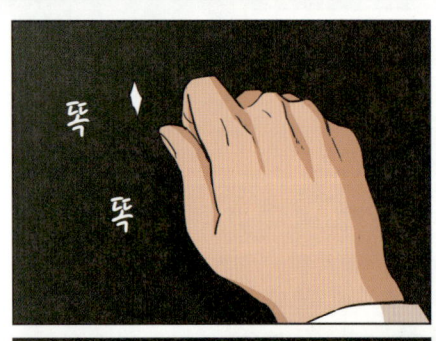

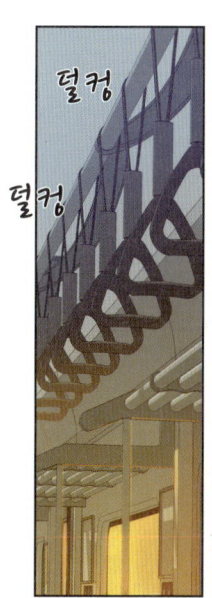

엄습했던 불안감이 사라지고

안도의 한숨과 함께 평화의 시간이 찾아온다.

사그라질 생각이 없는 배움의 열정으로 오늘도 인생의 진리를 터득한다.

성공의 비결은 역시

그때와 비교하면
이미 두 배가 되어 있는 아파트야말로

아무래도
기억을 못 하는 사람은
따로 있는 듯하지만…

모든 것이 완벽한 아침이었다.

그 기시감을
다시 느끼기 전까진 말이다.

3화
아닌 건 아닌 거야

김 부장은 입사 이후 죽기 살기로 달렸다.

아를 악물고 누구보다 빠르게, 오직 앞만 보며 말이다.

그 결과 25년간 단 한 번도 선두를 빼앗긴 적이 없었다.

그런데 왜…

…어째서?

늘 주변의 환대와 관심을 받는 건 내가 아닌 최 부장인 거지?

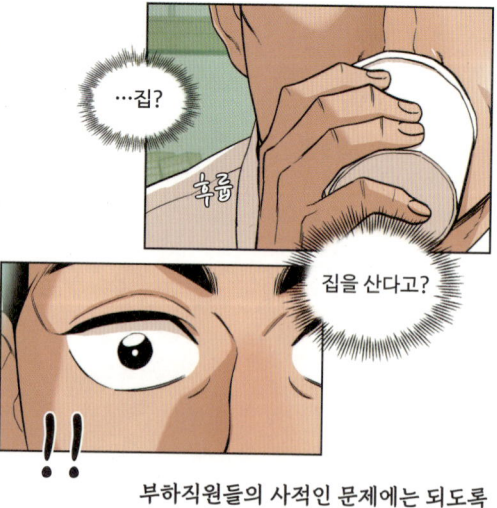

퇴근 후, 김 부장은 주말에 있을 골프 연습에 매진 중이다.

느낌 좋고…

에라이~ 슬라이스!

그리 달갑지 않은 마주침이 분명했다.

매 순간 깨달음을 얻는다는 점에서 골프는 인생과 참 많이도 닮아 있다.

스릉

그립은 한결 자연스럽고

힘이 빠진 어깨는 깃털처럼 가볍다.

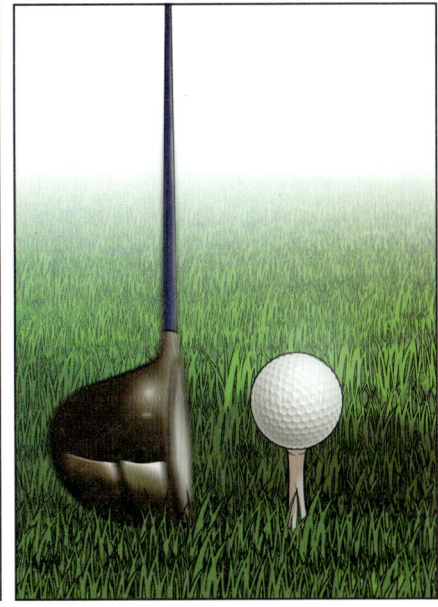

4화
혈압이 오르다

간만에 맞이한 공휴일이다.

마음 같아선 오후 내내 이불 안에서 뒹굴거리고 싶지만

오늘은 솟 게임 연습도 좀 해야 하고

아들 녀석 얼굴 본 지도 꽤 됐잖아?

오랜만에 가족들과 오붓한 식사라도 할 생각에 김 부장은 힘겹게 침대를 떠난다.

지금 몇 시지?

…?

결혼축하드립니다

회… 회장님!?

아니, 회장님께서 어떻게 여기까지 직접…

김 상무~ 아들 결혼 축하하네!

무슨 소리야? 당연히 와야지.

자네 경사가 곧 내 경사 아닌가?

가… 감사합니다.

영광입니다!! 회장님.

덥석

그래, 그래.

허허

자네 아들은 어느 기업에 다닌다고?

아… 저 그게

…아버지?

학교에서 사고 치고,
취업도 못 하고…
결국 선택지가 없어서 하는 일이
장사라고 생각해 왔기 때문이다.

자고로 사회의 진정한
승자이자 리더라면

번듯한 슈트와 반짝이는 구두, 명품 시계와 가방을 들고
출근하는 것이라고 그는 일평생 믿어왔다.

넥타이는
회사에서 보이는
네 첫인상이다.

늘 단정히
하도록 해.

감사합니다.
아버지.

네가 참
자랑스럽구나.

아침마다 하얀 와이셔츠에
넥타이를 매고

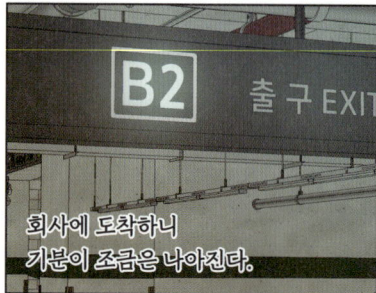

김 부장의 혈압이 다시 오르기 시작한다.

5화
선을 넘는 상상

사회생활을 함에 있어

지켜야 할
'선'이라는 게 있다.

잠시만요!

김 부장에게 그 선은 절대 넘어선 안 될
금기사항이며…

그 선을 넘지 않는 것이야말로

부하직원이 갖춰야 할
최소한의 예의라고 생각한다.

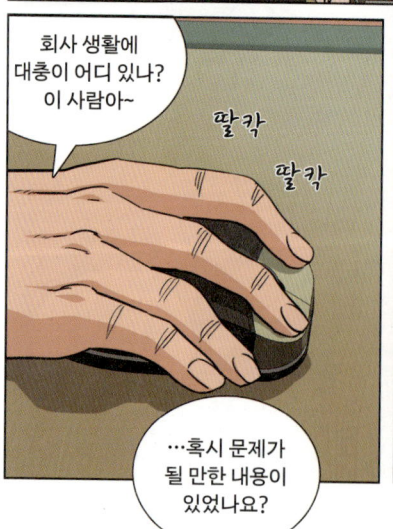

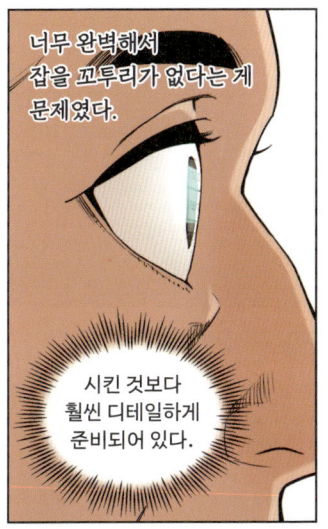

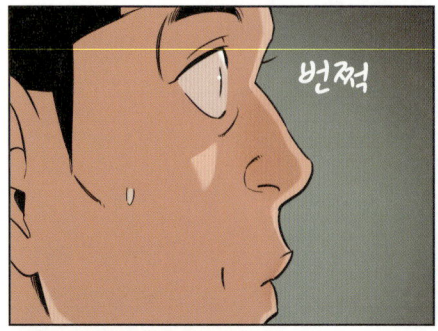

집 근처에 대단지 브랜드 아파트가
들어섰다는 기억이 떠오른다.

조경도 잘 갖춰져 있고 거주민들 만족도도 높다고 한다.

6화
본인만 모르는 이야기

송 과장도 알고,
아내도 알고 있던 사실을
본인만 모르고 있었다.

지… 진짜네?

…뭐가
어디서부터
어떻게
잘못된 거지?

여러모로…
생각이 많아지는 밤이다.

7화
친구들이 변했다

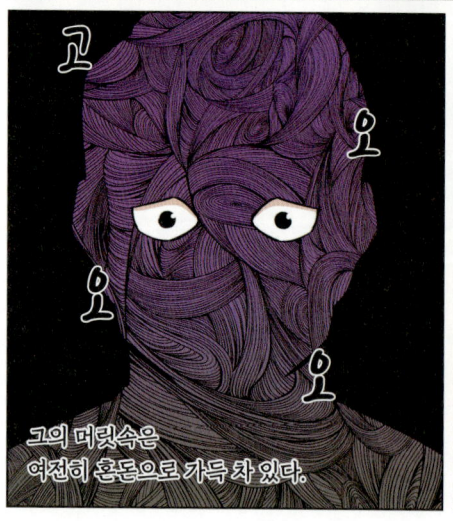

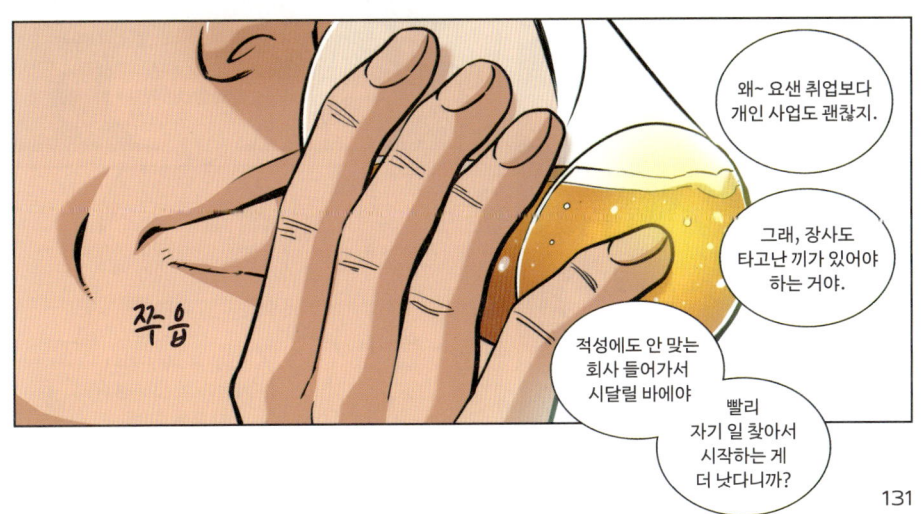

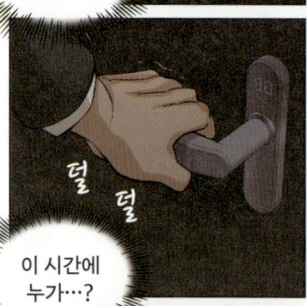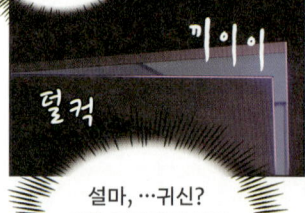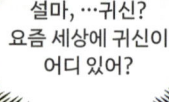

8화
말도 안 되는 소리

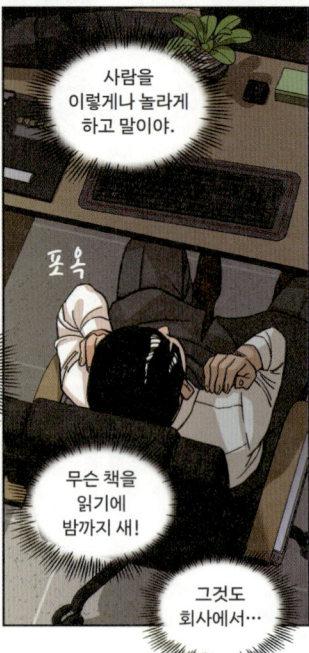

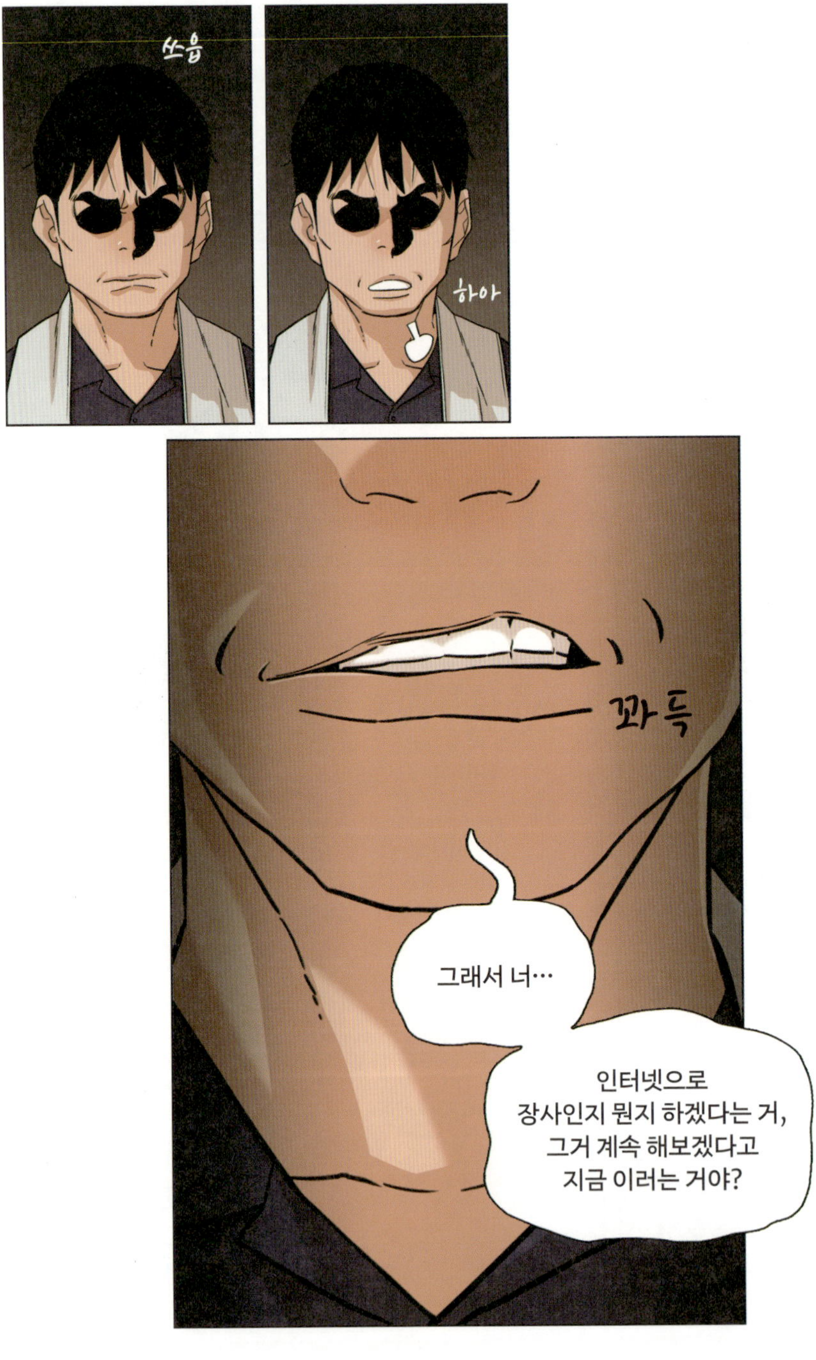

어떤 상황에서고
자기 편을 들어주던 아내였기에

지금의 성화가 김 부장은
못내 서운하다.

어디 가!
밥 다
차려놨는데…

안 먹어!!

9화
믿을 건 내 실력뿐

하긴, 김 부장은 회사가 그의 전부이자 삶의 목적 자체였다.

명절 연휴는 물론 아들 입학식, 졸업식에도 쉬지 않았다.

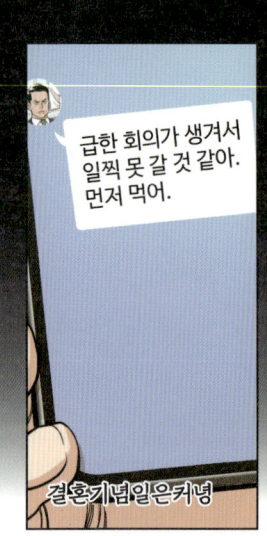

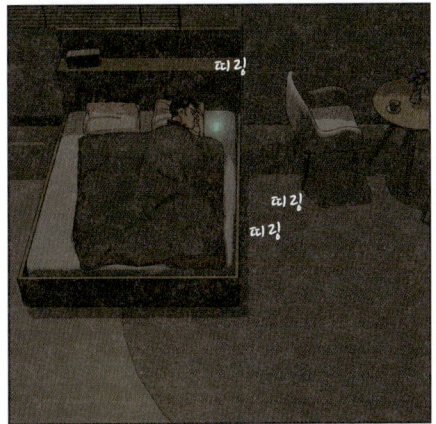

뜬금없는 친구들의 수다가
입가에 웃음을 되찾아주지만

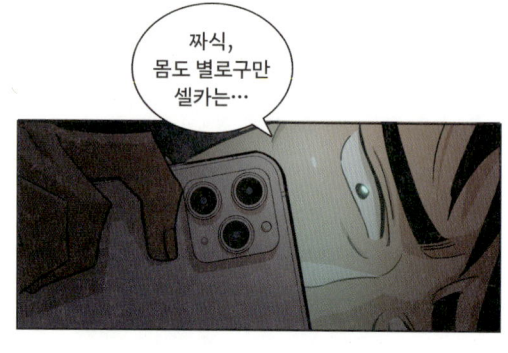

괜스레 눌러본 타인의 프로필 사진 속에는

온통 자신이 갖지 못한 것들 뿐이다.

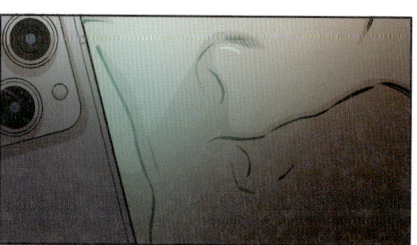

또 떨어졌네?

어째 내가 산 종목들은 하나같이 하락세냐?

평소와 크게 다르지 않은 아침이지만

김 부장은 그 어느 때보다 인생의 반전이 절실하다.

꽈악

어떤 놈은 지금 이 시간에도 앉아서 3천을 벌고 있을 텐데…

부러우면 지는 거라지만…

…부럽다.

10화
마음대로 해

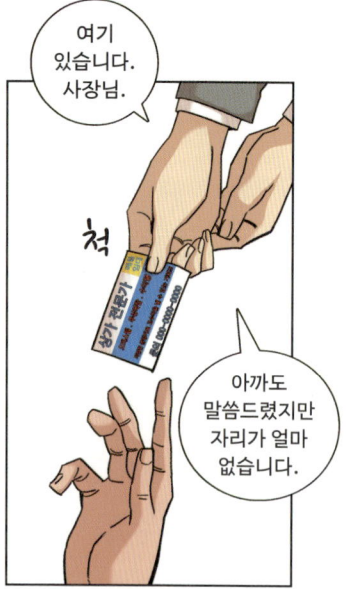

11화
올 것이 왔구나

직장 내에서도 꽤나 인정을 받을 만큼
똑부러지는 성격에

그의 아래도 결혼 전.
아니, 신혼 때까지만 해도
사회생활을 했었다.

자신의 일에 대한 자부심과 목표가 있었고,
특히나 경제나 재테크에 관심이 많았더랬다.

그래도 다시 한번 생각해 보지 그래?

오랜 고심 끝에 내린 결론이었다.

그럼 다녀올게~

제가 더 잘할 수 있는 걸 하고 싶어서요.

직장 대신 가사와 내조, 육아에 집중하는 것은

화목한 가정이라는
그녀의 새로운 꿈을 위한
나름의 투자와 선택이었다.

아내만큼은 고생하고 우아한 대기업 부장의 사모님으로 살길 바란다.

그녀가 선택한 과거의 결정이 틀리지 않았음을 증명시켜주고 싶은 마음에서다.

돈만 밝히는 그런 복덕방 아줌마가 된다는 건 정말이지 용납할 수가 없다.

졸업을 앞둔 아들은 여전히 장사에 정신이 팔려 있고

아들 뭐 해?

…아! 안 잘 거야?

당신 먼저 자라니까?

불을 꺼야 잠을 자든지 할 거 아냐!!

벌떡

아내는 이제 대놓고 보란 듯이 복덕방 아줌마가 되기 위해 혈안이다.

새롭지만 새로울 것이 없기에 기대가 없다.

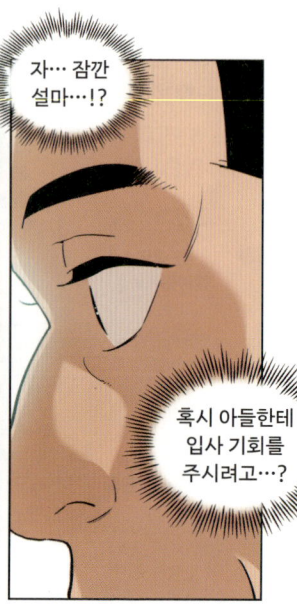

갑작스런 질문에
적절한 대답이 생각나지 않는다.

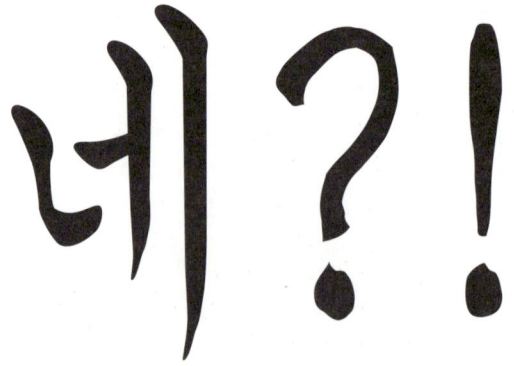

네?!

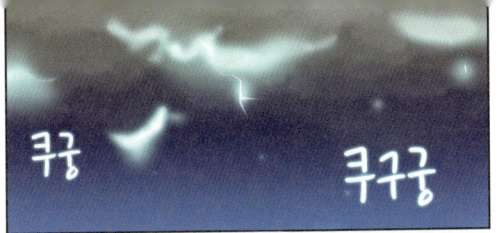

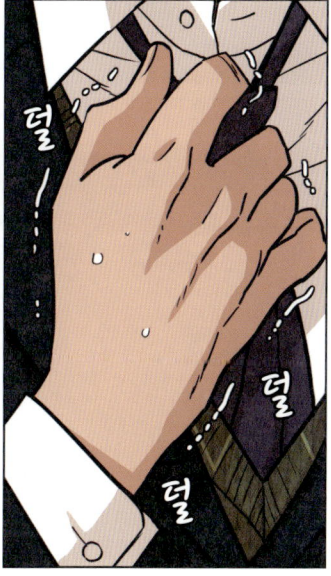

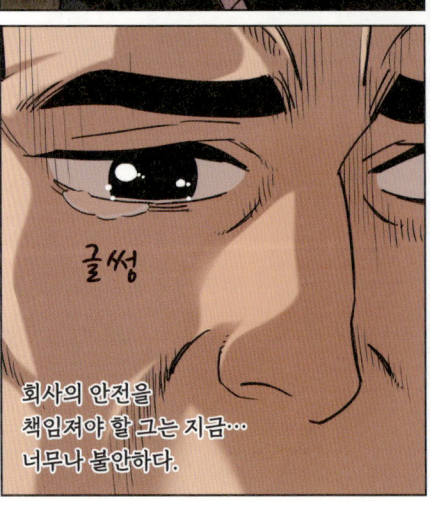

12화
해주고 싶은 말

평소에 그렇게나 좋아하던 장어 초밥이건만…

…지금은 눈에도 들어오질 않는다.

우물 우물

제가 자리를 비우면 저희 팀은 어떻게 됩니까?

혹시…

최 부장이 맡는 건 아니죠?

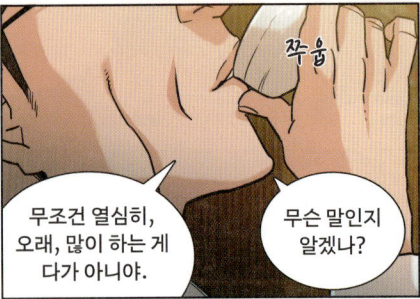

자신의 부족한 부분을 인정하고 배우려는 사람과

추워, 자네도 얼른 들어가.

네, 상무님 타고 가시는 것까지만 보고요.

덜컥

택시~!! 여기요, 여기.

남들보다 우월하다는 생각에 심취되어 살아가는 사람.

불행하게도 김 부장은 아직 자신이 어느 부류에 속하는지 알지 못한다.

오늘… 내가 말이 너무 길었지?

…그냥 예전부터 자네에게 해주고 싶은 말이었어. 혹시 듣기 싫었다면 미안하네.

아닙니다, 별말씀을요. 좋은 말씀 감사했습니다.

조심히 들어가십시오.

13화
어쩔 수 없잖아

아버지,
오늘부터 공장으로 출근하신다고 들었어요.
남들이 못하는 어려운 일에 선뜻 나서신 모습이
정말 멋지고 존경스럽습니다.

그동안 아르바이트한 돈으로
가방을 하나 샀는데, 드릴 기회를 놓쳤어요.
가족을 위해 힘들지만 최선을 다하시는
아버지께 늘 감사한 마음입니다.

항상 마음속으로 응원하고 있습니다.
건강하시고 주말에 뵈어요.

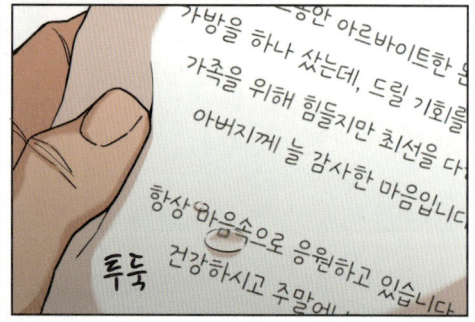

투둑

무뚝뚝한 아들의 진심이었다.

김 부장의 발길은
그렇게나 한동안 차고에 머문다.

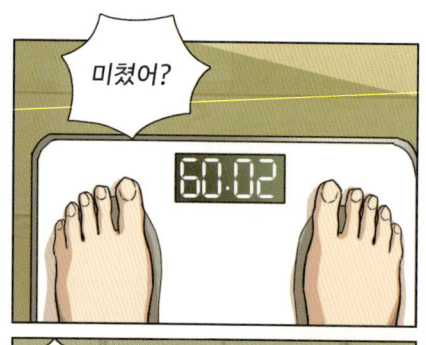

14화
배워야 할 것

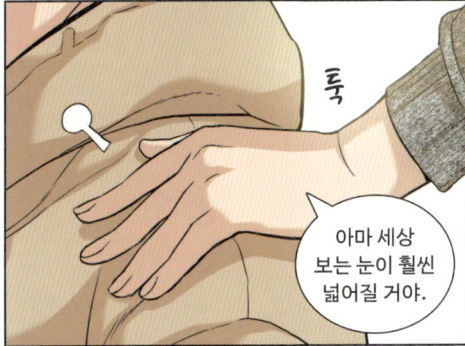

오전에 공장 한 바퀴를
돌고 나면 할 일이 없다.

이제 할 건 다했고~

주중에는 기숙사에서 먹고 자고
주말에는 서울 집에만 있으니 돈을 쓸 곳도 없다.

어디 보자.
오늘 점심 메뉴가…

익숙해지는 이 하루하루를 보내는데
전혀 문제가 될 것이 없다.

문제라면 본인이 있어도 그만,
없어도 그만인 사람이라는 것.

굳이 필요는 없지만 만일에 대비해
필요한 사람이라는 것.

우드드드드드
…?
처음엔 저리 뛰는 사람들이
이해가 되지 않았더랬다.
뭐가 저리
급하다고 뛰어~
뛰기를…
다들 뱃속에
걸신이라도
들었나?
그때는 몰랐다.
뭔 놈의
줄이 이렇게
길어!!!
줄이 길어지면
점심시간은 줄어든다는 것을…

누가 시킨 것도 아닌데 어느새 그 역시 레이스를 하고 있다.

타
타
타
닷

쏘옥

하물며 어느 경로로 가야 조금이라도 일찍 갈 수 있는지

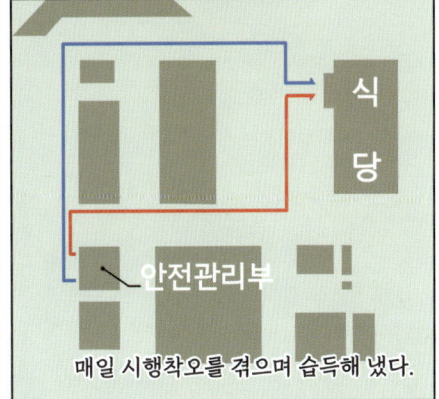

매일 시행착오를 겪으며 습득해 냈다.

퇴근 후에는
더더욱 할 일이 없었다.

그 많던 인맥도
이곳에선 의미가 없다.

홀로 치는 골프는 재미가 없고
친구들은 서울에 있으니
만날 일이 없다.

그의 시선은 온종일 휴대폰에만
고정되어 있으니

진짜 볼 것도
없고…

그가 휴대폰을 보는 것인지
휴대폰이 그를 보는 것인지
알 수가 없다.

아오!
깜짝이야!!

그렇게 시간이
얼마나 지났을까?

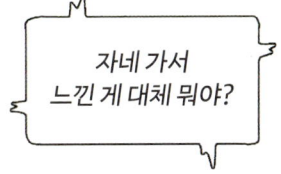

15화
운이 좋으신 겁니다

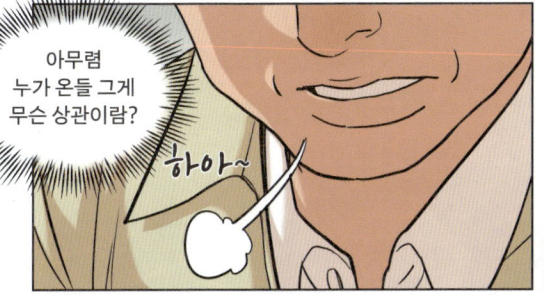

미쳤어? 말도 안 되지.

차마 입에 담을 수 없는 말이다.

누가 이대로 무너질 것 같아?

떠올려보니 여기가 아니더라도 시원하게 속사정을 털어놓을 상대가 없는 것은 마찬가지다.

쿠

구

구

뭐라도 하면 될 것 아냐!!

뭐라도…

이제와 아는 것보다 모르는 게 많다는 사실을
피부로 느낀다.

누구의 말이 사실인지 판단도 잘 서지 않는다.

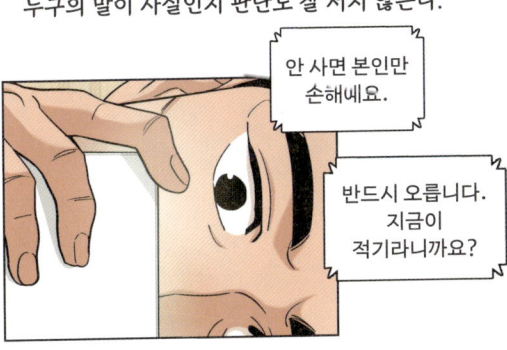

돌아온 주말, 평소보다 들뜬 마음으로 집 대신 신도시로 향한다.

모두가 자신을 버려도 행운의 여신은 결국 자신의 편이라고 굳게 믿고 있다.

기다렸다는 듯이 브리핑이 이어지고

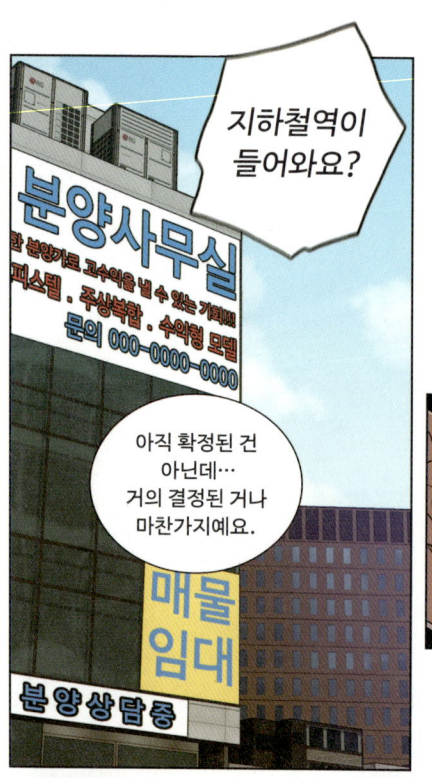

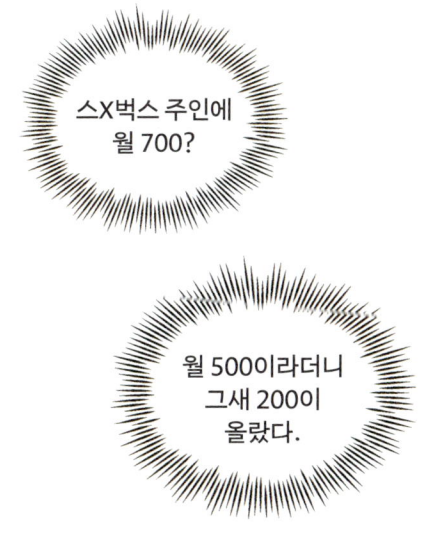

16화
다 필요 없어

본격적인 밀당이 시작된다.

서로의 수를 읽고
그다음 수를 간파해서 전략을 짠다.

절대 상대가 원하는 대답을
먼저 내어주지 않고

딱히 잘못한 것도 없는데, 취조를 앞둔 죄수마냥 긴장감이 맴돈다.

위로금, 퇴직금을 포함하여 가진 재산을 대략 추산하여 밝히고 나니…

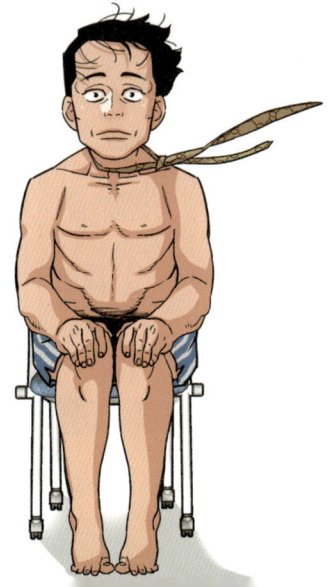

…마치 낯선 세상에 발가벗겨진 기분마저 든다.

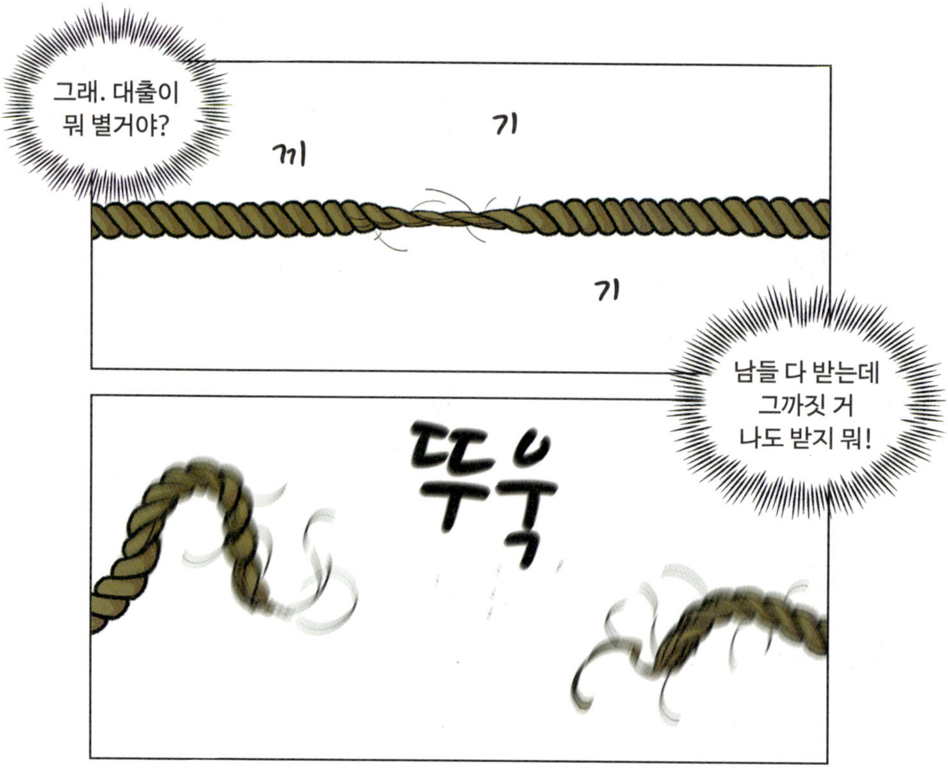

기어이 이성의 끈이 끊어지고야 만다.

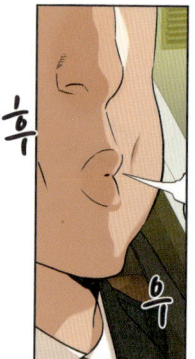

*이문세, 〈붉은 노을〉

이런 게 바로
돈이 주는
여유로움인가 싶다.

김 부장의 행복한 하루가 저물어간다.

다 익었다.
자~ 맛있게 먹자~

17화
고생했어

그 어느 때보다
자신감은 줄어들고
두려움은 커졌지만

하늘 아래 더 이상
그를 지켜줄
울타리는 없다.

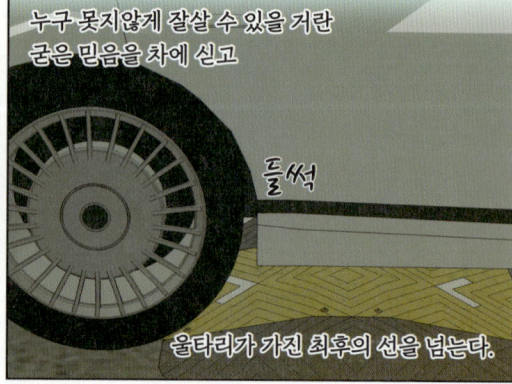

누구 못지않게 잘살 수 있을 거란
굳은 믿음을 차에 싣고

울타리가 가진 최후의 선을 넘는다.

떠나는 그의 길을 배웅한다.

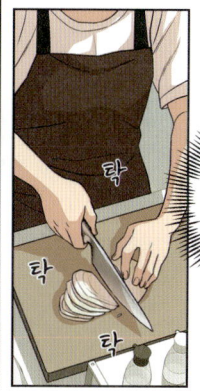

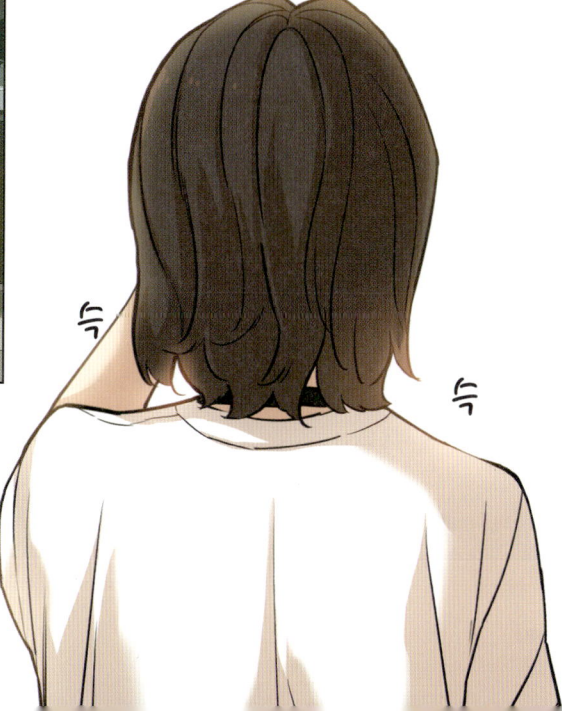

서울 자가에 대기업 다니는
김 부장 이야기

서울 자가에 대기업 다니는
김 부장 이야기 1

초판 1쇄 발행 2025년 4월 11일
초판 3쇄 발행 2025년 11월 27일

글 명랑 그림 김병관 원작 송희구
펴낸이 김선식

부사장 김은영
콘텐츠사업본부장 임보윤
책임기획 여소연 책임편집 여소연 디자인 서옥 책임마케터 이현주
콘텐츠사업1팀장 한다혜 콘텐츠사업1팀 윤유정, 문주연, 조은서, 여소연
마케팅사업1팀 이고은, 지석배, 최민경, 이현주, 김은지
브랜드사업본부 정명찬 브랜드홍보팀 오수미, 서가을, 박장미, 박주현
홍보1팀 김민정, 변승주, 홍수경
영상홍보팀 이수인, 염아라, 이지연, 노경은
편집관리팀 조세현, 김호주, 백설희 저작권팀 성민경, 이슬, 윤제희
재무관리팀 하미선, 임혜정, 이슬기, 김주영, 오지수
인사총무팀 강미숙, 이정환, 김혜진, 황종원
제작관리팀 이소현, 김소영, 김진경, 이지우, 황인우
물류관리팀 김형기, 김선진, 주정훈, 양문현, 채원석, 박재연, 이준희, 문명식

펴낸곳 다산북스 출판등록 2005년 12월 23일 제313-2005-00277호
주소 경기도 파주시 회동길 490 다산북스 파주사옥
전화 02-704-1724 팩스 02-703-2219 이메일 dasanbooks@dasanbooks.com
홈페이지 www.dasan.group 블로그 blog.naver.com/dasan_books
용지 스마일몬스터 인쇄 (주)상지사피앤비 코팅·후가공 제이오엘엔피 제본 (주)상지사피앤비

ISBN 979-11-306-6431-6 (04190)

• 책값은 뒤표지에 있습니다.
• 파본은 구입하신 서점에서 교환해드립니다.
• 이 책은 저작권법에 의하여 보호를 받는 저작물이므로 무단 전재와 복제를 금합니다.

다산북스(DASANBOOKS)는 책에 관한 독자 여러분의 아이디어와 원고를 기쁜 마음으로 기다리고 있습니다.
출간을 원하는 분은 다산북스 홈페이지 '원고 투고' 항목에 출간 기획서와 원고 샘플 등을 보내주세요.
머뭇거리지 말고 문을 두드리세요.